AF403753

# PÉTITION

A MESSIEURS

## LES DÉPUTÉS DES DÉPARTEMENS,

SUR LA

## NÉCESSITÉ

OÙ SE TROUVE LA FRANCE DE FAIRE UN TRAITÉ DE
COMMERCE AVEC LA

## RÉPUBLIQUE D'HAÏTI,

ET SUR LES AVANTAGES QU'EN RETIRERAIENT LES DEUX NATIONS;

PAR CIVIQUE DE GASTINE,

CITOYEN FRANÇAIS, AUTEUR DE LA LIBERTÉ DES
PEUPLES, etc.

## PARIS,

CHEZ LES MARCHANDS DE NOUVEAUTÉS,
Et dans toutes les librairies constitutionnelles de l'Europe.

1822.

# PÉTITION

## A MESSIEURS

## LES DÉPUTÈS DES DÉPARTEMENS.

---

Messieurs les Députés,

Les besoins de notre agriculture, la situation de notre commerce, la surabondance des produits de notre industrie et la voix de l'humanité, appellent avec moi toute votre attention, sur la nécessité où se trouve la France de faire un traité de commerce avec la république d'Haïti, et sur les avantages qu'en retireraient les deux nations.

Le 3o mars dernier, j'ai eu l'honneur d'adresser à Sa Majesté une lettre par laquelle je pris la liberté de lui exposer respectueusement l'état déplorable où les faux calculs et les vues étroites des ministres, réduisent le commerce en France, et les avantages considérables qui résulteraient, pour notre patrie, de relations promptes et amicales avec Haïti. Mais, si je crus un moment que les conseillers de Sa Majesté trouveraient utile, après avoir lu ma lettre, de prendre définitivement un parti avec la république d'Haïti; mon espoir s'évanouit bientôt.

A l'apparition de cet écrit philantropique, la faction coloniale le mit à l'index de la police; et depuis cette époque, j'expie chaque jour, par de nouvelles persécutions, le désir d'avoir voulu servir la France et l'humanité.

Lorsque M. le comte de *Bruges*, ancien major au régiment anglais de *Montalembert*, et aujourd'hui aide-de-camp de S. A. R. le comte d'Artois, osa proposer à la France, par la voie des journaux, le massacre général de tous les Haïtiens que le gouvernement actuel persiste à considérer comme des sujets révoltés contre Louis XVIII, de grands personnages regardèrent cette idée, toute monstrueuse qu'elle est, comme admissible et même digne d'éloges.

Quant à moi, il m'a suffi un peu plus tard de démontrer, par des raisonnemens et des faits, le besoin de reconnaître l'indépendance d'Haïti, et de conclure un traité de commerce avec cette république, pour être accusé d'avoir voulu exciter tous les peuples de l'Europe au renversement des trônes, et d'avoir provoqué la guerre civile, en excitant les citoyens à s'armer les uns contre les autres !!!...

Une seule difficulté s'est présentée jusqu'à ce jour sur ce traité. Elle cessera quand les ministres qui entendent mal la direction de nos affaires, ne prétendront plus améliorer les leurs, en élevant des prétentions de métropole, sur ce peuple indépendant et libre.

Notre diplomatie les reproduit, en toute occurrence, parce que nos relations extérieures sont moins dirigées dans les intérêts généraux de la France, que par les préjugés qui ont retardé la civilisation des peuples et substitué des rapports de suprématie et de dépendance, à ceux qui facilitent l'échange des richesses des différentes nations par les voies du commerce maritime.

J'ai cru devoir m'adresser à vous, dans cette circonstance, MM. les Députés, pour vous prier de faire connaître au Roi, qui, suivant la Charte, déclare la guerre, fait les traités de paix, d'alliance et de commerce, etc., etc., combien il est urgent que le gouvernement vienne au secours de notre industrie défaillante, en établissant avec Haïti des relations amicales.

Hâtez-vous, Messieurs, d'engager le Roi à traiter avec cette république pendant qu'il en est encore temps (*).

La faction coloniale, dont on ne peut nier aujourd'hui la pernicieuse influence sur notre diplomatie, crie sans cesse que Sa Majesté ne peut, *sans compromettre la dignité de sa couronne*, reconnaître l'indépendance d'une contrée sur laquelle ses

(*) Des lettres récentes d'Haïti annoncent que si le cabinet de Paris persiste à méconnaître l'indépendance de cette république, les marchandises françaises y seront entièrement prohibées, et que tous ses ports seront fermés à nos vaisseaux, sous quelque pavillon qu'ils s'y présentent.

ancêtres ont exercé la souveraineté. Quoi! l'on ose dire qu'un monarque ne saurait faire un acte de sagesse et de prudence dans l'intérêt national, *sans compromettre la dignité de sa couronne!....* ; qu'un roi ne saurait préférer une paix qui enrichit à un état de guerre qui ruine ses peuples, *sans compromettre la dignité de sa couronne!.....* ; qu'un roi ne saurait abandonner des prétentions contraires au droit naturel, pour les remplacer par une alliance avantageuse, *sans compromettre la dignité de sa couronne!.....* ; qu'un roi enfin ne peut accorder la politique avec la nature et l'humanité, *sans compromettre la dignité de sa couronne!.....* Mais les mêmes hommes auraient jeté les mêmes cris, si on les avait consulté sur l'équité et la politique qui ont fait assurer, par une charte royale, les bienfaits de la révolution, et reconnaître les services rendus à la patrie sous les différens gouvernemens qui se sont succédés en France, depuis 89 jusqu'à la restauration.

Si quelque chose pouvait compromettre la dignité de la couronne, dans une monarchie constitutionnelle où les ministres seuls sont responsables, ce serait assurément des *missions* semblables à celle de MM. *Dauxion, Lavaisse* et *Médina;* celle de MM. *Fontanges* et *Esmangart;* celle de l'évêque *Glory* et autres *ambassades* occultes. De pareilles explorations sont plus propres à exciter la méfiance et le mépris des gouvernemens avec lesquels on veut traiter, qu'à opérer un rapprochement entre des nations faites pour s'estimer réciproquement, et destinées, par la nature, à faire un échange mutuel des productions de leur sol et de leur industrie.

L'histoire moderne de l'Angleterre vient ici fort à propos nous prouver qu'un puissant monarque peut, *sans compromettre la dignité de sa couronne,* reconnaître l'indépendance d'un pays sur lequel il a exercé les droits de souverain, et traiter ensuite sur le pied d'une parfaite égalité avec sa colonie nouvellement émancipée. En agissant ainsi, le cabinet de Saint-James céda au vœu général de la nature, et servit l'intérêt réciproque des deux nations, *sans compromettre la dignité de la couronne !!!...*

Si l'Angleterre ne reconnut l'indépendance de sa colonie d'Amérique, qu'après s'être bien convaincue de l'impossibilité absolue de pouvoir y rétablir jamais sa domination, ne faut-il pas convenir que la France est absolument dans le même cas envers son ancienne colonie de *Saint-Domingue?...* En effet, les Etats-Unis d'Amérique, au moment de leur affranchissement, ne comptaient pas trois millions d'habitans, encore étaient-ils dispersés sur un continent d'une étendue immense; et Haïti en a actuellement plus de deux millions sur un espace peu étendu. Les Anglo-Américains, lors de leur insurrection, n'avaient pas encore une forme d'administration régulièrement établie , tandis qu'Haïti jouit de tous les bienfaits d'une sage constitution exécutée par un gouvernement et des magistrats dont la justice, la franchise et la loyauté ne craignent, en Europe , aucun objet de comparaison.

Les troupes envoyées par l'Angleterre pour réduire sa colonie, remportèrent très-souvent des avantages signalés sur leurs adversaires, tandis que nos frères, lors de la trop fameuse expédition de *Saint-Domingue*, n'obtinrent sur les Noirs, si je puis m'exprimer ainsi, que des succès désastreux... Le climat des Etats-Unis était favorable aux Anglais, tandis que le climat d'Haïti est mortel pour nos compatriotes. L'Angleterre ne perdit pas vingt mille hommes dans sa guerre contre les Etats-Unis, et la France a sacrifié plus de quatre-vingt mille héros dans sa guerre contre les Haïtiens. Enfin , quand l'Angleterre renonça pour toujours à ses droits sur sa colonie , celle-ci n'avait pas cinquante mille hommes sous les armes, tandis que l'indépendance nationale d'Haïti est confiée à une armée de ligne de plus de cent mille hommes effectifs de toutes armes, et à une garde nationale qui ne compte pas moins de quarante mille braves prêts à tout sacrifier pour la défense de leurs droits et de la liberté !....

Lorsque le cabinet de Versailles, qui ne mérita jamais le reproche d'être trop libéral, reconnut authentiquement l'indépendance et la liberté des

Etats-Unis d'Amérique, il justifia cette déclaration solennelle par l'invocation du principe éternel de la liberté des peuples et de l'indépendance des nations!!!...

Les amis de l'humanité et de la paix peuvent encore espérer, sans doute, que Louis XVIII reconnaîtra, pour la république d'Haïti, les principes d'indépendance que Louis XVI invoqua en faveur des Etats-Unis d'Amérique?

Les prétentions de notre diplomatie sur Haïti n'ont eu pour résultat, jusqu'à ce jour, que de faire un tort considérable à notre agriculture et à notre industrie.

Dans l'état politique où se trouve aujourd'hui le Nouveau-Monde, il est bien facile de démontrer l'absurdité de prétendre établir une colonie française, quelque modifiée qu'elle puisse être, sur la terre à jamais libre d'Haïti, au lieu de conclure, avec cette république, un traité de commerce qui nous procurerait des avantages immenses.

Il n'est pas besoin de gouverner telle ou telle île, dit *Jérémie Bentham*, célèbre jurisconsulte anglais (*), de la posséder, pour y vendre des marchandises. Les habitans des Antilles ont besoin des productions de la France. S'ils étaient indépendans, il faudrait bien qu'ils les achetassent. Dans leur

______

(*) Théorie des peines et des récompenses , tom. 2 , pag. 379 et 383.

état de dépendance (*), que sont-ils de plus?......
Aussi, le savant Anglais que je viens de citer, pro-
clama-t-il, comme une vérité incontestable, qu'il
n'est pas besoin de posséder les colonies pour com-
mercer avec elles, et que quand même on ne ferait
pas le commerce avec les colonies, les capitaux
qu'on y emploie seraient appliqués aussi fructueu-
sement à d'autres entreprises.

La domination d'un peuple sur un autre peuple,
quelque modifiée qu'elle puisse être, représente
toujours le maître et l'esclave. Dans un pareil état
de choses, la nature est outragée, et cette tendance
mutuelle des nations à échanger les produits de
leur industrie, est remplacée par la méfiance et la
haine.

Si les milliers de Français qui ont péri si miséra-
blement dans les guerres désastreuses de *Saint Do-
mingue*, ainsi que les sommes énormes qu'ont coûté
ces expéditions extravagantes, avaient été employées
au défrichement des plaines incultes de la Breta-
gne, des landes de Bordeaux, à la construction de
nouveaux canaux dans l'intérieur de la France, la
population et la richesse de notre patrie se seraient
accrues dans une immense progression.

C'est donc au sein même de cet empire, et non
pas sur des rivages lointains et dans des îles étran-

(*) M. *Bentham* écrivait avant la révolution de *Saint-Domingue*.

gères, que le gouvernement de la France doit former des colonies. Que le ministère emploie tous
ses efforts pour augmenter le nombre des citoyens,
mais qu'il renonce à la manie, pitoyable dans le
dix-neuvième siècle, de créer des chevaliers, des
comtes, des vicomtes, des ducs et des marquis!...
Qu'il reconnaisse enfin que la vraie gloire, la seule
noblesse consiste à labourer un champ, à mourir
pour la défense de sa patrie ou à l'enrichir du produit de son industrie ; mais non à vivre dans une
condamnable oisiveté, n'ayant d'autres titres pour
participer à la gloire nationale et à l'estime de leurs
concitoyens, que des cordons, des rubans et des
parchemins indignes du vrai mérite, puisqu'ils sont,
le plus souvent, le prix de l'intrigue et l'ornement
de la médiocrité.

En défrichant de nouvelles terres, des milliers
d'individus naîtront pour défendre et enrichir l'état.
Il faudra plus de draps, plus de toile, en un mot,
plus d'objets de l'industrie ; et nos manufactures,
en se multipliant, contribueront davantage à la
splendeur et à la richesse nationale.

Il n'est pas douteux, MM. les Députés, que la
France ne réunisse bientôt tous les avantages de la
civilisation du commerce intérieur et extérieur le
plus riche, le plus actif et le plus varié, si notre diplomatie sait profiter des relations commerciales et
politiques qu'Haïti semble encore disposée à établir
avec la France. C'est alors qu'en échange des pro-

ductions de notre sol et de notre industrie, nous recevrons directement des Haïtiens les denrées coloniales et les matières premières, indispensables à la confection d'une foule d'objets de nos fabriques.

Quant aux avantages immenses qui résulteraient infailliblement, pour la France, de l'indépendance de la république d'Haïti, rien n'est plus facile à démontrer. Outre plusieurs centaines de millions que le commerce de cette île jetterait annuellement dans la balance de notre commerce défaillant, dans peu d'années cette puissance deviendrait, tant par sa position géographique que par la sagesse de son gouvernement, un marché perpétuel des marchandises et des productions des deux mondes. Elle ne peut manquer alors de devenir un entrepôt général des produits de l'industrie française, qui n'attend qu'un événement aussi heureux pour reprendre toute son activité, et atteindre un degré de perfection où elle n'aura pas de rivale sur le globe.

Quels ont été les résultats de nos prétentions sur la première des Antilles ?... Le délabrement de notre commerce et la privation volontaire et profondément absurde d'un trafic extérieur considérable, dont le cabinet de Saint-James, plus sage que le nôtre, a su profiter !....

D'après un pareil système de déception, est-il surprenant que la France, quoique couverte de fabriques et de manufactures en tous genres, soit accablée, au sein même de la paix, du poids de presque tous les maux que produit la guerre, au point de payer, après sept ans de restauration, près d'un milliard d'impôts. Enfin, dans le court espace de peu d'années, l'on a vu s'évanouir les plus belles espérances, et la misère tomber sur le commerce et dessécher la population.

Si la cessation de notre commerce maritime a privé la France de plus de cinquante mille matelots, il est évident qu'un traité de paix avec Haïti, en rétablissant notre marine marchande, nous fournirait, en cas de guerre, plus de marins instruits et expérimentés qu'il ne serait nécessaire pour le service de nos escadres et de nos flottes. Peut-on négliger cette considération au moment où la Russie menace d'accomplir des desseins qui lui donneront, sur les mers, une puissance que l'Angleterre n'eut jamais???...

Non-seulement nos relations commerciales avec la république d'Haïti, élèveraient dans peu notre marine à ce haut degré de prospérité, mais cette puissance, possédant dans son sein des bois d'une qualité supérieure et une foule d'autres objets indispensables aux constructions navales, trouverait elle-même un avantage certain à les échanger avec la France, pour des objets provenant de notre sol ou de nos manufactures, qui sont devenues nécessaires aux Haïtiens dans l'état de civilisation où cette république est parvenue en si peu d'années.

Dans l'état déplorable où se trouve le commerce français, j'ai cru, MM. les Députés, que le moyen le plus efficace de venir à son secours, serait d'exposer à Sa Majesté le besoin impérieux et profondément senti des négocians français, d'établir des relations commerciales avec tous les peuples de la terre, et particulièrement avec la république d'Haïti. C'est, l'on ne peut en douter, le plus puissant moyen d'épurer les mœurs, puisqu'il est bien prouvé que l'homme, naturellement porté à la vertu, ne s'abandonne au crime que lorsque les vices de la législation ou les erreurs de la politique le placent dans l'affreuse alternative d'attenter à la vie de son semblable, pour arracher la sienne aux horreurs de la faim !.... (*) Cette triste vérité est si

(*) En examinant avec une sévère impartialité l'ensemble de l'administration des peuples de l'Europe, il est facile de s'apercevoir que ce n'est point l'art de gouverner qui est si compliqué, mais bien plutôt l'art de tromper et de dépouiller les nations de leurs richesses. Toute la science de l'homme d'état se réduit à ceci : *Rendre les hommes heureux*. Vous obtiendrez ce résultat aussitôt qu'ils seront libres.

C'est moins dans la confection des lois qui punissent les fautes, que dans celles qui assurent le bonheur de tous les membres de la société, que vous trouverez le moyen d'épurer les mœurs. Vainement, ô législateurs! vos lois défendront et puniront le crime, tant qu'il existera des lois qui placeront les citoyens dans l'affreuse position de le commettre !...... Que l'on compulse les annales de la justice, et l'on trouvera une preuve irrécusable de ce que j'avance, dans la grande disproportion qui existe entre le nombre des délits de toute espèce commis pendant l'hiver, et palpable, qu'il suffit de jeter un coup-d'œil sur l'ensemble de la société, pour s'en convaincre.

C'est en prenant pour guide les principes immuables de la nature qui a voulu faire des hommes autant de frères, et des peuples autant de familles, que vous parviendrez, MM. les Députés, à améliorer le sort malheureux d'un si grand nombre de vos semblables.

La nature, en distribuant ses richesses avec tant de profusion sur la surface du globe, n'a pas dit que les productions de telle contrée ne seraient consommées que par sa propre population, puisque cette même nature a fait naître, chez les habitans d'un hémisphère, le besoin et le désir des productions de l'autre. Ce besoin de tous les hommes de se procurer des objets étrangers au sol qui les a vus naître, indique assez que le but de la nature a été de les exciter à communiquer ensemble de tous les pays de la terre, en faisant un échange réciproque des productions de leurs climats respectifs.

ceux commis durant l'été. Les alentours et même certaines rues de la capitale sont dangereuses, le soir, en hiver; tandis que dans l'été, l'on n'y court aucun risque !... La raison en est simple et naturelle, c'est que, dans la belle saison, le riche égoïste est intéressé à faire travailler, tandis qu'en hiver, le peuple est sans travail, et par conséquent sans moyens d'existence.

Si les hommes paraissent meilleurs en été qu'en hiver, on peut facilement, et sans déranger les cours des saisons, faire en sorte que l'été, pour eux, soit perpétuel !!!.... Détruisez nos mauvaises lois, et avec elles tomberont les échafauds et tous les crimes qu'elles punissent, sans jamais en prévenir un seul.

C'est donc la nature qui repousse tout ce qui est injuste, et qui commande tout ce qui est sage, qui nous ordonne d'établir, avec Haïti, un commerce d'échange qui ne peut manquer de devenir immense dans peu d'années. Pour s'en former une idée, il suffit de réfléchir sur le génie actif et industrieux qui distingue la France des états qui l'avoisinent, et la position avantageuse d'Haïti pour devenir l'entrepôt du commerce de l'ancien monde avec le nouveau.

Je crois en avoir dit assez, Messieurs, pour vous convaincre qu'il serait plus avantageux à la France de reconnaître définitivement l'indépendance d'Haïti, et de faire un traité de commerce avec cette puissance, que de conserver, sur la souveraineté de cette république, des prétentions ruineuses pour notre prospérité nationale, et plus ridicules encore que celles des monarques de la Grande-Bretagne, lorsqu'ils prenaient le titre de *rois de France*, puisque du moins ils ne privèrent jamais la nation anglaise des avantages qu'elle retirait, tant de ses relations commerciales avec nous, que de l'ineptie et des bévues que commettaient ceux à qui l'administration de la France était confiée.

Je suis avec respe
Messieurs les Députés,
Votre concitoyen,
CIVIQUE DE GASTINE.

Imprimerie de F. P. Hardy, rue Dauphine, n.° 36.